AF263326

Couverture inférieure manquante

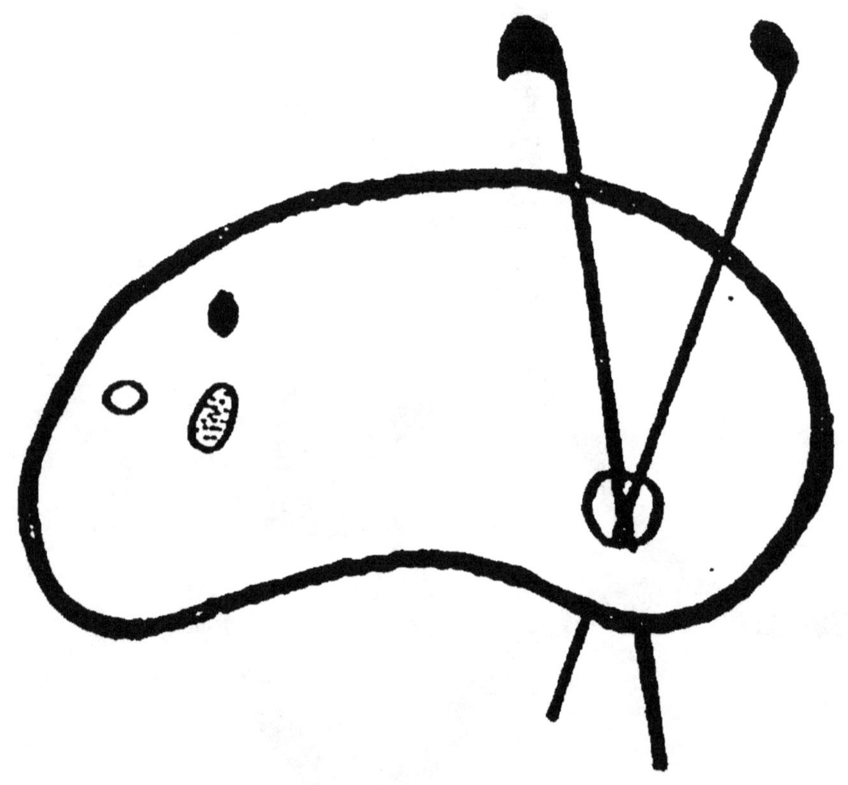
DEBUT D'UNE SERIE DE DOCUMENTS
EN COULEUR

ESSAI HISTORIQUE

SUR

LE TALMONDAIS

DEPUIS LE XIe SIÈCLE JUSQU'A LA RÉVOLUTION

PAR

G. LOQUET

Architecte du Gouvernement et du département de la Vendée

VANNES

LIBRAIRIE LAFOLYE

—

1893

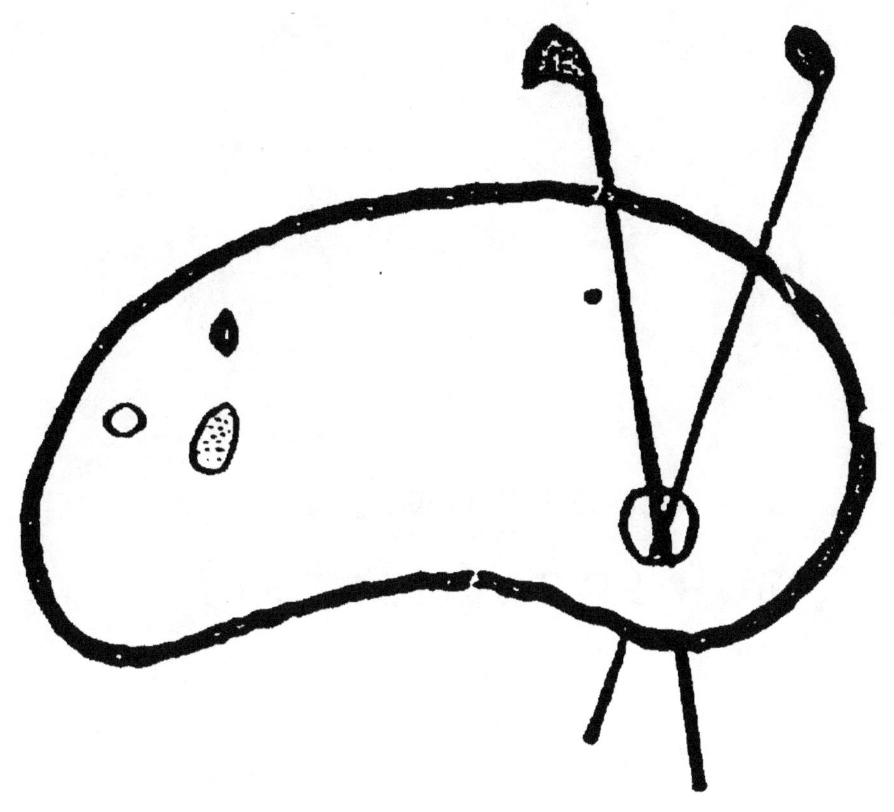

FIN D'UNE SERIE DE DOCUMENTS
EN COULEUR

ESSAI HISTORIQUE

SUR LE TALMONDAIS

ESSAI HISTORIQUE

SUR

LE TALMONDAIS

DEPUIS LE XIᵉ SIÈCLE JUSQU'A LA RÉVOLUTION

PAR

G. LOQUET

Architecte du Gouvernement et du département de la Vendée

VANNES

LIBRAIRIE LAFOLYE

—

1896

ESSAI HISTORIQUE
SUR LE TALMONDAIS
DEPUIS LE XI° SIÈCLE JUSQU'A LA RÉVOLUTION[*]

CHAPITRE I.

GÉOGRAPHIE DU TALMONDAIS, SES RIVAGES ET SES COURS D'EAU. — HISTOIRE DU PORT DE TALMOND.

§ 1⁰⁰. — Géographie du Talmondais, ses rivages et ses cours d'eau.

L E comté du Poitou qui avait été attribué à un des compagnons de Charlemagne, quand il divisa son vaste empire entre ses fidèles, comprenait, à l'époque qui nous occupe, c'est-à-dire vers la fin du X° siècle et le commencement du XI°, plusieurs pays ou *pagi* qui portaient les noms suivants :

1° Pays du Poitou, *Pagus Pictaviensis ;*
2° Pays de Briou, *Pagus Briocensis ;*
3° Pays de Thouars, *Pagus Thoarcencis ;*
4° Pays d'Herbauges, *Pagus Herbadilicus.*

Et même dès 976 le *Pagus Maire-Ventis*, formé au détriment de celui d'Herbauges.

[*] Ce chapitre est le premier d'un ouvrage qui sera publié sur les seigneurs de Talmond ; il a été lu à la Sorbonne au Congrès des Sociétés Savantes de 1894.

De toutes ces divisions nous ne retiendrons que la quatrième, le pays d'Herbauges, car c'est le *Pagus* contenant le territoire qui nous intéresse, le *Talmondais*.

Cette contrée tirait son nom de la petite ville de Talmond, qui en occupait un point assez central, et était bornée à l'ouest par l'Océan, au nord par le Jaunay, à l'est par l'Yon et au sud par le Lay et le golfe des Pictons[1]. Le pays était plat, peu accidenté, si ce n'est dans des parties très restreintes, parsemé de collines assez basses, dernières ramifications des massifs de Pouzauges et des Herbiers, et par conséquent sillonné par de nombreux petits cours d'eau peu importants, portant directement à la mer les égouts des terres pendant la saison des pluies. Ces ruisseaux n'étaient presque pas navigables, mais offraient cependant quelques faibles avantages, sur des parcours restreints et voisins de leurs embouchures, pour les transports des matériaux et denrées, et le trafic des habitants entre eux.

A peu près entièrement couvert d'arbres et de landes, le sol nourrissait avec peine le peu de travailleurs qui voulait le remuer ; aussi, pour profiter des ressources de la mer, les principaux et premiers centres d'agglomération s'établirent-ils, à peu près tous, sur les côtes, ou sur les confins des pays baignés par les cours d'eau.

L'aspect des rivages poitevins était alors loin de ressembler à celui qu'il nous offre aujourd'hui ; aussi sans vouloir remonter à Noë et à ses enfants, nous croyons qu'il est nécessaire, pour la compréhension de plusieurs passages de notre étude, d'entrer dans quelques détails sur la frontière méridionale du Bas-Poitou, quoiqu'elle ne fasse pas en entier partie du Talmondais.

Toutes les personnes qui ont un peu voyagé dans le sud de notre département ont pu admirer, au midi de Luçon, la

---

[1] En réalité le territoire que nous étudions comprenait le Brandois, les Olonnes, le Talmondais et le Curzonnais. Nous le désignons sous le nom général de Talmondais, pour plus de simplicité, et parce que ces contrées furent possédées pendant des siècles par les seigneurs de Talmond.

fertilité de ces marais desséchés qui s'étendent depuis Angles, à l'ouest, jusqu'à Benet et aux portes de Niort, à l'est.

Eh bien ! à une époque relativement peu éloignée de nous, à celle qui correspond à la conquête de la Gaule par les Romains, la côte de la mer, suivant de nombreuses sinuosités entrait dans les terres aujourd'hui desséchées, un peu au sud de Longeville, et, se dirigeant sur Angles, Saint Benoît, Curzon[1], Lairoux, Saint-Denis-du-Payré, Luçon, Nalliers, Mouzeuil, le Langon, le Poiré-sur-Velluire, Montreuil, Fontaines, Nieul-sur-l'Autise, Bouillé-Courdault, Saint-Sigismond, Damvix, Benet, s'arrêtait à quelques lieues seulement de Niort, pour retourner brusquement et descendre par Mauzé, Courçon, Noaillé, Andilly, jusqu'à Esnandes, et enfin regagner les rochers des environs de la Rochelle, qui se sont peu modifiés depuis lors.

Ce large golfe, dont l'ancienne ouverture peut être évaluée à trente-quatre ou trente-cinq kilomètres, et le circuit total à plus de deux cent cinquante kilomètres, recevait, au nord, plusieurs cours d'eau ou fleuves dont les principaux étaient, en allant de l'ouest à l'est, le Goulet, le Troussepoil, le Lay, grossi de l'Yon et du Graon, la Vendée réunie à la Mère, l'Autize et la Sèvre Niortaise ; nous laissons de côté, à dessein, les affluents de la côte méridionale.

Les nombreuses îles qui encombraient cette vaste nappe d'eau salée auraient été, d'après M. l'abbé Lacurie, au nombre de seize. Après avoir étudié très attentivement les cartes et les anciens textes, et surtout visité les lieux, nous avons dû en porter le chiffre à vingt-six, et encore ne nous sommes-nous pas occupé de celles qui ont pu être omises sur la côte sud, car cela était en dehors de notre étude[2].

---

[1] L'ancienne Curbon dont le port, dit la tradition, pouvait recevoir même des navires de guerre, possède les vestiges d'une ancienne villa romaine sur lesquels a été édifié plus tard le fief de la Grenouillère.

[2] Ces îles étaient habitées par les *Santones liberi* qui ne furent pas asservis par les Romains. Leurs barques et leurs filets n'avaient pu tenter la cupidité des conquérants. Les habitants de cette contrée portent actuellement le nom *de Huttiers*.

Aux seize du géographe poitevin, qu'il nomme Saint-Michel-en-l'Herm[1], Triaize, Champagné, Puyravaud, Sainte-Radegonde, Chaillé, Vouillé, Vix, Maillezais, Maillé, Taugon, la Ronde, Margot, Elle, Marans et Charron, il convient d'ajouter la Dive[2], l'Aiguillon, la Tranche, Grues, Moreilles, Notre-Dame-de-Liez, le Sableau, la Bretonnière[3], le Terrier de Saint-Gré et Aisne.

Le golfe du Poitou portait de prime abord, d'après Tibulle, le nom d'*Oceanus Santonicus*[4] : nous ne pouvons avoir aucun doute sur sa position et ses limites, car on le trouve cité dans beaucoup d'auteurs, et il est encore facile d'en tracer les contours, à l'inspection seule des lieux. Dans la carte dressée à la fin du XVIe siècle par Jean Olivet, Luçon est indiqué sur les bords de la mer, et le golfe s'avance jusqu'à Port-Marant (Marans), qui, actuellement, est à onze kilomètres des contours de l'anse de l'Aiguillon.

Sur la carte du Poitou de Pierre Roger, document qui porte la date de 1579, Marans est sur l'estuaire de la Sèvre et de la Vendée réunies : le golfe s'appelait *la Béraude*[5].

Aujourd'hui, l'aspect de toute cette contrée est complètement bouleversé, et de nombreux troupeaux de bœufs, de chevaux et de moutons viennent paître l'herbe, on ne peut plus vivifiante, de toutes ces prairies que couvrait, il y a peu de siècles encore, *la mer Océane*.

La modification considérable de ces lieux doit être attribuée à trois causes très distinctes, *qui subsistent encore*, et qui

---

[1] Il existe près de Saint-Michel, deux petits îlots portant les noms de la Dune et du Sableau ; ils ne sont pas compris dans le chiffre ci-dessus, comme trop peu importants.

[2] La Dive était déjà célèbre au IVe siècle par la visite qui y fut faite par saint Hilaire évêque de Poitiers.

[3] L'île de la Bretonnière est actuellement sur la rive gauche du Lay. Toutes ces îles sont indiquées sur nos carte d'ensemble et de détail. Le Terrier de Saint-Gré est sur la rive droite du ay. Le Sableau ou Cotteau entre Sainte-Radegonde et Vouillé.

[4] Livre VII, 10.

[5] Ernest Desjardins : *la Gaule Romain* ;. 159.

ont concouru au même but ; ce sont : I° la formation des dunes ; II° les alluvions produites par les rivières et celles apportées par la mer ; III° enfin les travaux exécutés de main d'hommes.

I° Le célèbre géographe E. Desjardins dit à ce sujet :

« Nous sommes en présence d'un phénomène qui se repro-
« duit sur la plus grande partie de la côte Océanienne, et
« dont on peut s'étonner, en raison même de sa généralité,
« de ne pas rencontrer la moindre mention chez les anciens :
« c'est la formation des dunes qui ont sensiblement changé
« l'aspect et la limite même du rivage. Il n'est pas certain
« néanmoins que ce phénomène, si exactement décrit par
« Elisée Reclus[1], ait existé de tout temps. La mer apporte
« tous les ans, sur le littoral, et certaines dunes s'élèvent
« aujourd'hui jusqu'à 75 et 80 mètres d'altitude[2]. Les petits
« fleuves arrêtés dans leurs cours inférieurs mêlent leurs
« eaux à celles des étangs..... L'action des sables a dû
« produire depuis lors un double engendrement de collines,
« les unes envahissant la terre à l'est, les autres formées
« par refoulement vers la mer et la contraignant à reculer
« On ne se trompera sensiblement pas en traçant l'ancien
« littoral suivant une ligne qui divisera, longitudinalement
« par moitié, les collines modernes de sable, les étangs
« actuels ayant dû former une série de golfes. »

Cependant, cette dernière considération n'est pas rigoureusement exacte pour la partie de la côte qui nous occupe, car, par exemple, en avant de la pointe de l'Aiguillon, vers le sud-ouest, on voit à marée basse des terrains d'alluvion formés à l'abri de premières dunes, alors assez

---

[1] Les vagues remuent constamment le fond actuel du bord, se chargent de matières arénacées et les étalent en minces nappes sur l'estran, puis à marée basse, les molécules de sable s'allègent peu à peu de leur humidité, cessent d'adhérer les unes aux autres et se laissent emporter vers la terre par le vent du large. Ce sont là les matériaux des dunes (*La Terre* II, *l'Océan*, p. 231).

[2] Les dunes du Talmondais sont loin d'avoir atteint ces proportions.

éloignées du rivage actuel, qui ont été autrefois des pâturages, et qui sont aujourd'hui couverts à chaque marée. Les vents et les flots ont fait disparaître ces protections avancées et les ont repoussées vers le continent dans une direction constante du nord-ouest au sud-est.

La ligne médiane des dunes actuelles ne donnerait donc pas exactement l'ancienne configuration du rivage sur ce point.

Ces mouvements de sable se produisent sur toutes les côtes du Talmondais. A l'embouchure du Péray, rivière de Talmond, et à celle de la Vertone, Havre de la Gachère, nous voyons s'amonceler, encore de nos jours, des amas de substances arénacées qui entravent l'écoulement des eaux et occasionnent des débordements sur le parcours de petits ruisseaux, à première vue bien inoffensifs. La ville des Sables elle-même est bâtie sur une dune, qui est venue intercepter l'écoulement des marais de la Bauduère et de la Chaume, en forçant le havre à se rétrécir et les eaux à ne se déverser que par une étroite embouchure. On verra même qu'il y avait là un véritable pertuis.

II° Les inondations ont le privilège de permettre aux eaux de déposer, sur les terrains qu'elles recouvrent, toutes les matières solides qu'elles tiennent en suspension et qu'elles emmènent dans leur course. De sorte que, lorsque les rivières traversent, ce qui est le cas, des pays fertiles et couverts d'une épaisse couche d'*humus*, elles roulent vers leur embouchure des sédiments qu'elles délaissent sur le sol, au grand profit des cultivateurs inférieurs. mais au grand préjudice des propriétaires des régions supérieures parcourues. La Sèvre, le Lay, la Vendée, le Péray, la Vertone ont donc contribué, chacun dans une plus ou moins grande proportion, à modifier sensiblement la conformation de certains points des côtes.

Mais ces dépôts ont été surtout accrus par un autre appoint beaucoup plus considérable que nous trouvons signalé par

M. Charrier Fillon dans une étude sur Noirmoutier, *Péril et Défense*; nous lui demandons la permission de reproduire ici le passage suivant, car il s'applique aussi bien aux côtes du Talmondais qu'à celles de l'Aunis et de Noirmoutier : « Dans
« une conférence faite à la Rochelle, le 28 août 1882, à propos
« de la création du port de la Pallice, M. Bouquet de la Grye ex-
« posa que les eaux de la Garonne, chargées de vase, forment
« dans la mer un courant d'une couleur d'ocre pâle qui s'étend
« à une dizaine de milles avant de disparaître. Ce courant
« continue son cheminement au large jusqu'aux fonds de cent
« mètres. Arrivé à ces profondeurs, le courant vaseux, solli-
« cité par le mouvement tourbillonnaire du golfe, se courbe
« au nord-ouest, et il continue sa marche jusque par le tra-
« vers de la Manche.

« Ce champ de dépôt présente deux millions d'hectares de
« superficie. C'est une assise géologique qui se prépare dans
« le mystère des fonds sous-marins, et je crois qu'elle a peu
« frappé les géologues........ Lorsque la mer est soulevée par
« le vent et que les lames l'agitent jusqu'à cinquante mètres
« de profondeur, la vase que nous y avons vu cheminer est
« agitée, comme la poussière des rues aux approches d'un
« orage ; elle colore les eaux jusqu'à la surface, et cette teinte
« s'accuse au fur et à mesure que les fonds diminuent, le
« sable se dépouillant de plus en plus des dépôts qui le
« recouvrent en temps calme.

« Cette eau colorée entre avec le flot dans les pertuis, y
« trouve un calme relatif, le dépôt s'opère et comme la vase est
« un peu agglutinative, qu'elle se contracte au repos jusqu'à
« ne tenir au bout de vingt minutes que la dix-millième
« partie de son volume primitif (je suppose ici une solution
« contenant deux grammes de vase sèche par litre d'eau de
« mer), ce dépôt adhère à celui précédemment formé, et, si le
« calme se prolonge, ce tout acquiert bientôt, sous pression,
« la consistance de l'argile.

« On a donc eu, depuis que la Gironde a commencé ses en-

« traînements de matières empruntées aux torrents qui s'y
« déversent, un afflux constant de matières vaseuses portées
« dans les pertuis à la suite des coups de vents ».

Ainsi, ce banc de vase sous-marin, remué par les tempêtes
venant du large, envoie sur nos côtes des sédiments qui ne
demandent qu'à se déposer dans les endroits favorables. Or,
aucune sinuosité de la côte ne pouvait leur donner un asile
plus sûr que le golfe des Pictons. Cet estuaire en effet avait
une petite profondeur, et n'était traversé que par des rivières
peu rapides.

Les eaux nullement agitées, à l'abri des tempêtes du large,
par suite de la proximité de l'île de Ré, et protégées par les
dunes en formation, purent déposer avec facilité sur le sol
sous leur clapotement uniforme et tranquille tout ce qu'elles
tenaient en suspension ; et malgré la subsidence du sol du
littoral[1], qui est fort peu considérable, et dont la côte est
bien inférieure à celle qui peut être atteinte par l'apport des
matériaux d'alluvions, on vit, au bout de quelques siècles, les
eaux de la mer abandonner leurs anciennes positions et se
retirer uniformément vers l'ouest.

III° Si nous ne tenons nullement compte ici des oscillations
brusques du sol, que les chroniqueurs du moyen âge nous
ont dépeintes dans la « Théorie des Catastrophes », en
revanche, nous sommes obligé de prendre en sérieuse considération tous les ouvrages faits par la main de l'homme,
et notamment ceux qui ont été entrepris par les vigilantes
sentinelles établies à l'entrée du golfe du Poitou, les bénédic-

[1] On appelle *subsidence* l'abaissement des côtes de France sur le littoral
de l'Océan. Le niveau de la mer restant absolument constant, M. A Chèvre-
mont prétend, dans ses livres du mouvement du sol, que la subsidence générale pour cette région a mesuré environ 4 m. depuis la fin de la domination
romaine (V° siècle), c'est-à-dire depuis 1500 ans ; par conséquent il l'évalue
à 0 m. 28 par siècle. Des expériences faites par M. Bouquet de la Grye, à
Brest, depuis près de cinquante ans, et celles des ingénieurs hydrographes de
Rochefort sont loin de lui donner de pareilles proportions. Il faudrait,
d'après les observations faites avec toute la précision possible, se contenter
de quelques millimètres de dépression par siècle.

tins de Saint-Michel-en-l'Herm ; nous ne dirons pas que, dans leurs nombreux travaux, ils aient cherché exclusivement l'intérêt du plus grand nombre, et que, pour accroître leur bien-être, ils n'aient jamais nui à celui d'autrui : ce serait trop exiger même d'un moine. Le proverbe si connu de nos populations rurales, « charité bien ordonnée commence par soi-même », a été appliqué dans tous les temps, et les habitants de Saint-Michel lui ont fait trop d'honneur, pendant des siècles, pour avoir jamais été tentés de l'oublier un seul instant.

Si cinquante mille hectares de terrain ont été conquis en peu de temps sur la mer, cela ne s'est pas produit sans porter un préjudice très sérieux aux riverains supérieurs, propriétaires sur les bords des rivières, dont les embouchures ont été considérablement diminuées, quelquefois même, pour plus de simplicité, tout à fait supprimées. Il est résulté de ces bouleversements, des inondations périodiques, que n'ont pu faire modifier tous les arrêts du *Conseil du Roy*, rendus, pendant le XVIII* siècle, au profit des intéressés des marais submergés, et qui se sont toujours heurtés à l'obstination et à l'inertie de ces possesseurs des terrains inférieurs.

Il ne nous reste aujourd'hui de l'ancien golfe du Poitou que la portion appelée l'Anse de l'Aiguillon ; elle n'a présentement que sept kilomètres environ d'ouverture, et, comme il a été constaté que la mer abandonne, quelquefois en une année dans ce voisinage, une trentaine d'hectares, nous ne sommes pas éloignés du temps où toute trace d'estuaire aura disparu.

Pour les raisons que nous avons énumérées plus haut, le fond du golfe des Pictons se relevant toujours, il se trouva un moment où les fleuves qui s'y déversaient durent, pour porter leurs eaux à la mer, se creuser un lit dans cette vase assez mobile, en suivant les sinuosités des terrains les moins exhaussés par les dépôts ; et même, pendant quelques siècles, les parties un peu plus élevées que les fonds de ces cours d'eau se trouvèrent couvertes uniquement aux marées montantes, puis découvertes aux marées descendantes. On peut dire alors que les îles intérieures de ce golfe ne l'étaient véritablement qu'à intervalles réguliers, et qu'elles offraient le spectacle dont nous jouissons deux fois par jour, au passage du Goa, reliant Noirmoutier au continent, et accessible, même aux piétons, à toutes les basses mers. L'Océan, les fleuves et les hommes accomplissant chacun leur ouvrage, il arriva qu'à l'époque où se fonda l'abbaye de Saint-Michel-en-l'Herm, le Lay qui est la plus importante des rivières se déversant dans le golfe, dont nous nous occuperons ici, se divisait vers Curzon, en trois bras, avant de mélanger ses eaux à celles de la mer. L'un de ceux-ci, le plus oriental, de nos jours le chenal vieux, (écours du Bodard et de la Gravelle, disparut à la suite des premières entreprises du couvent[1] ; il passait au sud-est de Saint-Michel, après avoir contourné l'île de Grues à l'est. Le deuxième, plus à l'ouest, correspondant à peu près au chenal de la Raque (canal de Ribaudon, écours de Pont-Rousseau), existe encore en partie sur la carte de Cassini, et sa suppression fut la conséquence de la construction, près de la bifurcation des deux derniers bras, de la digue appelée Booth-Grolleau[2], qui l'intercepta et le força à se déverser dans le troisième bras. Ce dernier lui-même, qui a subi encore des modifications au XVIIIe siècle, et était connu sous la désignation de rivière de Saint-Benoît, doit donc aujourd'hui fournir, à lui seul, à l'écoulement parfois assez considérable des eaux amenées par la réunion de l'Yon, du grand Lay et du petit Lay, qui descendent des collines du bocage vendéen. Il ne faut plus s'étonner, s'il sort souvent du lit qu'on s'est plû à lui ménager avec tant de parcimonie.

Le petit ruisseau de Troussepoil découle des collines des Moutiers les Maufaits, passe près d'Angles, et se déversait

---

[1] Ce fut l'abbé Gérard, dit Pied-Bot, qui fit dessécher en 1399 les alentours immédiats du rocher de Saint-Michel.

[2] La digue de Bot-Grolleau date de l'année 1630 environ.

autrefois directement dans le golfe : il a été aussi coupé dans les environs de cette localité, et des canaux, creusés par la main de l'homme, ont la mission de porter ses eaux jusqu'au Lay, par des circuits plus ou moins détournés.

Si nous reprenons la côte, et que nous remontions vers le nord, nous rencontrerons près de Saint-Vincent-sur-Jard un autre petit cours d'eau signalé sur bien des cartes, sous le nom de *Goulet*[1]. Puis un peu plus haut le *Peray*, qui baigne Talmond, et près duquel se sont déroulés les faits les plus intéressants de notre histoire locale.

Vu l'importance relative de cette dernière petite rivière, dont les débordements périodiques intéressent à un très haut point les habitants de la contrée, nous consacrerons le paragraphe suivant à l'étude de cette portion très restreinte du littoral. Mais, comme nous ne sommes pas de l'avis des chroniqueurs qui prétendent que *Talus mundi*, Talmond, signifie le bout du monde, nous pousserons nos investigations plus loin vers le nord, afin de compléter notre étude.

A travers les sinuosités de rochers peu élevés et de dunes assez basses, on trouve, en remontant la côte, trois petits cours d'eau insignifiants : un premier, dit ruisseau de Port-Juré, un autre innomé, un troisième connu sous le nom de Tanchet, puis un petit golfe, orienté vers le midi, au fond duquel est installé le double port de la Chaume et d'Olonne ; entre les deux rives, un chenal emportant à la mer une partie des eaux douces de ce lieu.

Ce marais était assurément, à l'époque de l'occupation romaine, entièrement couvert par les flots, et le havre de la Gachère, dont nous parlerons ci-après, était pour ainsi dire l'entrée au nord d'un bras de mer, dont la Chaume et le Port-d'Olonne[2] auraient commandé la sortie. De sorte que les nombreux rochers qui portent le nom de Berges ou

---

[1] On appelle aujourd'hui ce ruisseau l'Allière, il vient d'Avrillé.

[2] Ce port était primitivement creusé bien plus près d'Olonne que ne se trouvent aujourd'hui les Sables.

Burges protégeaient une île, dont la Chaume occupait la partie méridionale : la côte véritable partait de Brem (Saint-Nicolas et Saint-Martin de Brem), passait près de Vayré, l'Ile-d'Olonne[1], Olonne, la Pierre-Levée, pour aller rejoindre le rivage actuel dans les environs de l'embouchure du Tanchet. La formation de la dune sur laquelle est bâtie la ville des Sables, et de celle qui s'étend au nord de la Chaume a facilité l'exhaussement du sol des marais, et renouvelé, à une échelle plus petite, l'atterrissement du golfe des Pictons.

Nous ne saurions donner très exactement le nom que portait l'île que nous signalons : peut-être était-ce celui de *Vertime* où se retira saint Vivent, en quittant l'Ile-d'Olonne, d'après MM. l'abbé Boutin et dom Chamart. La chose est vraisemblable, au moins, surtout si l'on considère l'analogie des deux noms de Vertou (autrefois l'Ile-d'Olonne) et Vertime ; mais nous laissons à de plus érudits le soin d'appuyer ce dire sur des titres certains et irréfutables, si la chose est possible. Qu'il suffise de savoir, pour le moment, qu'à peu près tout l'espace actuellement planté de pins, qui est indiqué sous l'appellation générale de Forêt-d'Olonne, depuis la Gachère jusqu'à la Chaume, formait une île habitée, dont presque toutes les terres ont été ensevelies sous le sable et que la pointe sur laquelle a été bâtie la ville des Sables

---

[1] Adhémar et sa femme donnent aux moines de Saint-Cyprien « *de vineâ junctum unum id pago Erbadillico, in vicaria de Bram et de Talamum, in villa que vocatur Hisla ad Marchas, et hec vinea inter duos fluvios, Asentia scilicet et Vertona, ab ecclesia sancti Martini Vertavensis sic vocata.* » (De l'an 1020 environ cart. 580). D'après dom Chamart, l'île aux Marchais (*Hisla ad Marchas*) désignerait l'Ile d'Olonne, qui est sous le patronage de saint Martin de Vertou, et se trouve précisément située entre l'Auzance et la Vertone. Il estime que ce nom caractérise très bien cette île basse, aux mares d'eaux stagnantes et bourbeuses, qu'on appelle, dans le patois du pays d'Olonne, des *Marchiais*. M. B. Fillon explique ce texte eu traduisant *ad Marchas* par, situé auprès des Marches, et il ajoute « à côté est le tènement des Marches » Nous ajoutons que Marche veut aussi dire frontière d'une province, et nous croyons qu'il faut entendre par là, pays situé à la frontière de la province de Poitou.

n'existait pas, à une époque relativement peu éloignée, vers les IIIe et IVe siècles.

Cette dernière ville ne prit réellement de l'importance qu'après le passage de Louis XI, tandis que la Chaume[1] existait déjà depuis nombre de siècles. Nous verrons dans le cours de ce récit, que le roi de France, sous l'inspiration de son confident de Commines, accorda aux Sables-d'Olonne certaines franchises qui permirent au commerce de la nouvelle cité de prendre des porportions considérables.

Nous avons déjà indiqué le havre de la Gachère, comme ancienne entrée, au nord, du détroit ou pertuis d'Olonne. Ce havre formé par la réunion du Brandois, de l'Auzance et de la Vertone, nous rappelle, dans toutes ses vicissitudes, ce que nous dirons plus loin relativement au Peray. Le sable s'obstine à en fermer l'entrée, qui conduisait autrefois au petit port de *Bram*, peu éloigné de la côte, et l'écoulement des eaux du marais d'Olonne s'en trouve à chaque instant interrompu.

Mais les habitants de cette contrée, après avoir été sensiblement éprouvés par la maladie, sont, pour le moment, mieux partagés que leurs compatriotes du littoral inférieur, et ils voient entreprendre de grands travaux qui doivent permettre l'écoulement des eaux du marais, rendre le chenal accessible aux petites barques, et les préserver à jamais, du moins on l'assure. des « vimaires du sable[2] ».

Les dunes qui continuent le rivage jusqu'à St-Gilles-sur-Vie ont la même origine : elles sont peut-être un peu moins accidentées que celles qui s'élèvent au sud de la contrée, et

---

[1] D'après Ducange, *Calma* ou *Chalma* désigne une terre arile, dépourvue de toute espèce de culture. Le nom est donc admirablement approprié au lieu à peu près inculte, qui n'était composé que de roches, actuellement recouvertes de sables ; la première charte parlant du port de la Chaume, et postérieure au Xe siècle, que nous ayons retrouvée dans les cartulaires, date de 1218 (cartulaire de Talmond, ch. 411.)

[2] L'ouverture du havre de la Gachère a eu lieu le 28 mars 1801, et dès le 31 du même mois le courant ouvert seulement sur 3 m. 00 s'était déjà creusé dans le sable un chenal de 8 m. 00 de largeur.

dans plusieurs endroits profitent de la protection de petits rochers découverts, seulement à marée basse[1].

Tassin, géographe ordinaire du roi, publia en 1634 des « cartes générales et particulières de toutes les costes de « France, tant de la mer Océane, que Méditerrannée », dans lesquelles il trace les rivages du Bas-Poitou. Ce travail est d'une inexactitude étonnante, et nous y trouvons peu de points ou de lieux, placés ou nommés comme il convient ; cependant, on lit dans le texte qui précède les cartes le passage suivant, qui ne contient qu'une erreur, mais qui est fort incomplet : « Depuis la rivière de Loire jusques aux « Sables-d'Olone, sont les îles de Bouin, Chauvet, Noirmou- « tier et l'Ile-Dieu, les ports et havres de Beauvoir, Notre- « Dame-de-Monts, Porteau[2], la Chaume ou Olone. Des Sables « d'Olone jusques à la Rochelle, se trouvent les isles de Ré, « Loye et la Dive avec les ports et havres de Tallemont, « Sainct-Benoist, l'Esguillon, Saint-Michel, Maran, Esnande, « le Plomb et Port-Neuf. »

Résumons donc et rappelons qu'il y avait au moins vers le XIe siècle dix ports sur les côtes que nous décrivons, ou sur les rivières qui y ont accès. On avait pour le Talmondais proprement dit, Port-la-Claye et Saint-Benoit[3] sur le Lay,

---

[1] L'Ile d'Yeu (*insula Oya*) située à 20 kilomètres de la côte, en face de St-Gilles, ne peut être considérée comme faisant partie de ce que nous sommes convenu d'appeler le Talmondais. Nous n'en parlerons donc pas.

[2] Il existe encore deux villages portant le nom de Porteau. L'un sur le Ligneron, qui ne peut pas être celui dont il est question ici ; l'autre à l'entrée des marais du Perrier et de Monts, aux environs de Pont de l'Arche, et près duquel il fallait passer pour pénétrer dans ces derniers. Sa distance actuelle de la Vie est de 2 kilomètres vers le nord, et nous ne pouvons nous expliquer pourquoi le nom de ce village est indiqué comme port, tandis qu'à l'embouchure de la rivière se trouve St-Gilles, alors connu depuis des siècles. Ceci donne une idée de la valeur des renseignements transmis parce géographe ordinaire, courtisan dévoué de Richelieu; aussi nous n'avons pas cru nécessaire de reproduire ses cartes qui ne peuvent qu'induire en erreur.

[3] Le port de St-Benoit, qui se trouve actuellement éloigné du Lay de plus de 2 kilomètres, a été remplacé au XVIIIe siècle par le port de Moric, accessible encore aujourd'ui aux bateaux de petit tonnage. Saint-Benoit-sur-mer est actuellement, à vol d'oiseau, distant de plus de sept kilomètres de la mer.

l'Aiguillon, la Pépière en Longeville, Belesbat en Saint-Vincent, Jard ou la Guittière, Talmond, enfin Port-Juré ; l'Olon-
nais possédait la Chaume et les Sables, et le Brandois Bram,
à l'embouchure des rivières de Brandois, Auzance et Vertone.

C'était, uniquement en utilisant les modestes ressources
de ces ports, que les habitants des côtes pouvaient commu-
niquer entre eux et assurer leurs échanges, car il ne faut
guère parler des chemins qui, quoique publics, restaient inac-
cessibles aux charriots. Il est cependant, dans une charte du
prieuré de l'Ile dY'eu datant de 1050 ou 1060, signalé une voie
assez longue, qui allait de Brem à Talmond, et se prolongeait
même probablement plus loin, sur Jard et Curzon. Il est
question dans ce document d'une vigne « *que, duobus fere*
« *milibus a Bramo distans oppido, sita est in podio que vo-*
« *catur Ausantia, secus viam videlicet publicam que venientes*
ab eodem oppido ducit ad Talamontem. « Un de nos confrères[1],
qui a étudié avec compétence les vieilles ruines du château
de Talmond, a prétendu, ce que nous sommes loin de con-
tester, n'ayant aucune notion sur ce fait, que les matériaux
qui ont servi à cette forteresse provenaient du havre de la
Gachère, près de Brem ; il a même ajouté que le chemin
que nous venons de mentionner a dû « faciliter singulière-
ment les transports des lourds fardeaux ». Que les pierres
proviennent de Brem, nous l'accordons ; mais nous ne pouvons admettre qu'elles aient été véhiculées à Talmond sur
des charriots. La mer était trop près pour ne pas être utilisée,
et en gens pratiques, les constructeurs de cette époque ont
su la mettre à contribution. Si on ne peut se figurer un ser-
vice de cabotage fixe et régulier entre ces deux sièges de la
même viguerie, il est plus que naturel d'avancer que le commerce qui exista, au XIe siècle, entre ces deux localités, eut
lieu uniquement par bateaux, du havre de Talmond à celui
de Brem, et *vice versa*.

A peu de distance de ce dernier, se termine le territoire qui nous intéresse, car les pouvoirs des seigneurs de Talmond s'étendirent fort peu au delà du Jaunay, et dans les nombreuses pièces que nous avons dû consulter pour cette étude, nous n'avons constaté, à leur profit, que la possession de droits insignifiants dans le port de Saint-Gilles-sur-Vie.

Que dire de l'intérieur des terres ? On a tout appris au lecteur en lui rappelant que les trois quarts du sol étaient couverts de bois presque impénétrables ou de landes stériles, et que le Talmondais seul contenait dans ses limites les forêts de Talmond, Jard, Orbestier, Boisgroland, Vertou, Nesmy, le Tablier et la Roche ; les landes de Lande-Ronde, Lande-Vieille, Lande-Chauve et celles qui donnèrent leurs noms à la Boissière, Saint-Avaugour et Saint-Julien. Au milieu des étroites langues de terre exposées au soleil, qui séparaient ces repaires de toutes les bêtes fauves dont la France était peuplée, s'élevaient quelques hameaux ou villages attachés généralement sur le flanc d'une petite colline, ou fondés à cheval sur un ruisseau. Dans tous ces petits centres, des habitants misérables, vivant du produit de la chasse, et quelque peu de la culture du sol qu'ils savaient à peine défricher, ou qu'ils ne se résignaient pas à mettre en rapport, par crainte des excursions des pillards de mer qui n'avaient que quelques pas à faire hors de leurs bateaux pour venir les dépouiller[1].

De bourgades importantes, il en existait très peu : de marchés fréquentés, il n'en était pas question. Cependant saint Grégoire de Tours nous apprend qu'au VIe siècle, le bourg de *Becciacum* (Saint-Vincent-sur-Jard), capitale du pays d'Herbauges, était la résidence d'un archiprêtré possédant des reliques de saint Vincent, et qu'il avait été déjà construit des églises à Grues, à Saint-Cyr en Talmondais, alors appelé Aron, à Sainte-Radegonde de Jard, et dans une

---

[1] Beaucoup de localités habitées à l'époque de l'occupation romaine étaient désertes ou ruinées au XIe siècle.

foule de villages encore moins considérables. D'autre part, dom Chamart raconte, dans son histoire ecclésiastique du Poitou, qu'au moment de la persécution de Maximien en Gaule (fin du III⁰ siècle), quarante jeunes chrétiens vivaient paisiblement sur les bords de la mer, non loin de l'Ile-d'Olonne. Dacanius, lieutenant de l'empereur romain, voulant faire exécuter les ordres de son maître, fit saisir, jeter en prison et exécuter ces quarante martyrs, qui avaient quitté leur retraite, pour se diriger du côté du château de *Gravion* (Saint-Vincent-sur-Graon[1]). Les dépouilles de l'un d'eux, enfant de dix ans, auraient alors été transportées dans le cimetière d'Avrillé, « non loin d'Olonne, et probablement lieu « de son triomphe. C'est là que la *cella memoria* ou chapelle « funéraire, transformée plus tard en oratoire, puis en église « devint, pendant plus de cinq siècles, le but d'un pèlerinage « pour tous les fidèles de la contrée ».

L'auteur ecclésiastique ajoute que le lieu du supplice des compagnons de cet enfant a dû être *Bessiacum* ou Belesbat, ville riche et corrompue, sur le bord de la mer, à l'entrée du désert[2] du Bas-Poitou, et non loin de St-Vincent-sur-Jard[3].

D'autres auteurs considèrent Bessay comme l'ancien *Bessiacum*. Cependant, ce qui fait sensiblement pencher la balance pour les environs de Saint-Vincent, c'est que cette

[1] Saint-Vincent-sur-Graon qui n'est peut-être que Saint-Vivent-sur-Graon est fort ancien, car on y a découvert des vestiges d'une vieille forteresse datant des premiers siècles de notre ère. Celle-ci avait appartenu à saint Hilaire de Poitiers qui la donna à saint Vivent pour lui servir de refuge, et portait le nom de Gravion, d'où le peuple a fait Graon. Il y eut dans cette localité un monastère qui fut conservé jusqu'en 863, époque d'une des invasions des Normands dans cette contrée.

[2] On appelle *désert* du Bas-Poitou les terrains alors abandonnés et très marécageux de l'ancien golfe des Pictons, qui commençaient à s'exhausser. Le nom de St-Michel en l'Herm tire son nom de cette particularité (hermitage, lieu désert).

[3] L'abbé Baudry n'est pas tout a fait de l'avis de dom Chasmart, car il dit : « L'énorme butte ouest, séparée par une vallée du mamelon où est assis le « bourg de St-Vincent-sur-Graon, et qui le domine, s'appelle de temps immé- « morial : *Martimont* (*Martyrum mons*). C'est le Montmartre de Saint-Vincent. » Nous ne saurions rompre une lance pour l'une ou l'autre de ces opinions.

ville devait se trouver, d'après un manuscrit du X° siècle, sur les bords de la mer, et quelle fut enfouie sous les sables. Cela ne correspond-il pas parfaitement avec les modifications de la côte que nous avons signalées plus haut ?

Nous ne saurions non plus passer sous silence les antiques villas romaines établies au Bernard[1], à Curzon[2], à Saint-Sornin[3] et dans d'autres localités de moindre importance[4]. C'était peu toutefois pour une étendue de terrain aussi vaste que celle qui nous occupe.

En dehors de ces quelques points historiques, conservés par les traditions et révélés par des découvertes récentes, I n'y a presque plus rien qui mérite une mention. L'abandon des premiers rois de France et les dévastations des pirates du Nord avaient désolé le pays qui était laissé sans ressources à l'incurie des habitants et à l'insouciance des chefs qui ne savaient le protéger contre les envahisseurs.

La féodalité trouva donc à son apparition un terrain parfaitement préparé, et elle sut s'y acclimater avec une rapidité qui n'eut d'égale que la lenteur avec laquelle on lutte encore pour en faire disparaître les derniers vestiges.

§ 2. — Histoire du Port de Talmond.

Qu'il nous soit permis, à propos de la rivière du Peray, vu le grand intérêt des habitants actuels de la contrée, de nous étendre un peu longuement sur ce qui se passa, dans le havre de cette petite rivière aujourd'hui abandonnée aux caprices de la mer, et dans les petits ports auxquels il donnait accès.

[1] Des restes de constructions romaines existent encore sur la route qui passe devant l'église du Bernard.

[2] Le fief de la Grenouillère à Curzon à été fondé sur des vestiges de constructions romaines.

[3] Il a été découvert des ruines d'une villa romaine près de l'église.

[4] Les découvertes de débris de constructions et de monnaies romaines au Veillon, à Olonne, à Saint-Benoit, à Saint Cyr ou Aron, etc..., prouvent également qu'il existait de petites agglomérations d'habitants dans ces contrées.

Deux petits filets d'eau découlant, l'un d'Avrillé, le Biar, et l'autre de Poiroux, le Peray[1], se réunissent à environ un kilomètre de la côte, et forment le petit havre du Peray. Vers leur point de jonction, et sur le Biar, les habitants du pays de Jard créèrent un modeste village, indiqué encore de nos jours comme le port de Jard, ou la Guittière.

Ce village fut un' des points de départ, du XIe au XVIIe siècle, des produits de la contrée, tels que vins, bois, blé, sel, etc... Un peu plus loin, sur le Peray, à deux kilomètres de la côte, avaient été également établis, d'abord le petit port de la Vignolière, et, à cinq kilomètres plus haut, Talmond, avec un autre port[2] plus facile pour le transbordement des marchandises, puisqu'il possédait, en aval du pont de la ville, des quais pour l'embarquement et le débarquement des navires[3]. Dès les premiers siècles de notre histoire, le Peray formait déjà de longs marais s'étendant jusqu'au pied des murs du château de Talmond, et d'après l'abbé Suger (1138), « dans les fossés du château, la marée de « l'Océan, qui n'est pas fort éloigné, monte deux fois par « jour, et par son mouvement dans les ruisseaux d'eau « douce permet, deux fois par jour, d'apporter en bateau, « dans l'intérieur des terres, et jusqu'à la porte de la tour, « abondance de poissons, de viandes et de marchandises « diverses ».

On avait établi, même au pied du château, le quai de Gerberote ; et c'était là qu'abordèrent les bateaux des Espagnols, qui vinrent directement chercher des blés à Talmond, en 1412 ; mais plus tard, (1504) pour les grosses réparations et

---

[1] Ce dernier s'appelait au XVIIe siècle le Guy-Chatenay, sur son cours supérieur, car il prend sa source près du village du même nom, commune de Saint-Avaugourd des Landes.

[2] Dès l'an 1070 (cartulaire de Talmond, charte 34), un certain Boso de la Davière donnait à l'abbaye de Sainte-Croix de Talmond les 12 deniers qu'il percevait sur les bateaux allant de Talmond dans la Bretagne.

[3] Plusieurs chartes citées dans la suite démontrent l'importance relative du Port de Talmond dont l'accès était alors très facile.

transformations du château, les navires, apportant les ardoises achetées à Redon en Bretagne. durent les débarquer au port de la Guittière, pour les faire charger sur les gabares du lieu, seules capables de les transporter jusqu'au « cay de Gerberote » ; à cette même date, et pour le même travail, la chaux vint par bateau jusqu'au port de la Vignolière[1].

Des trois ports aménagés sur le Peray ou le Biar, le plus important, tout d'abord, fut certainement celui de Talmond ; mais comme on l'a vu, dès les premières années du XVI° siècle, les bateaux un peu lourds étaient déjà forcés de transborder leurs marchandises, pour les faire pénétrer à l'intérieur des terres, jusqu'au « pont de l'eau » de la ville[2].

Les *Vimères* de sable, signalées par les contemporains des XIV°, XV° et XVI° siècles[3], ayant apporté encore de grands changements à l'aspect de nos côtes, la petite rivière du Peray, dont le courant est fort paisible et le débi' , eu considérable, ne put résister à l'envahissement et coa .rver un estuaire navigable ; aussi, dans les dernières années du XVI° siècle, les grosses questions de l'ensablement du havre, de l'envasement de la rivière, et des inondations de la ville, prirent, aux yeux des Talmondais menacés, une importance considérable, et les habitants mirent tout en mouvement pour y porter remède.

Nous ne voyons pas toutefois qu'ils soient arrivés, durant deux siècles, au moindre résultat, si ce n'est à celui de se

[1] Extrait des comptes du receveur François Goland, conservés aux archives de la Vendée. En 1093, Leevin Meschin y avait déjà établi une écluse à poissons, « In introitu maris », ch. 222 du cartulaire.

[2] Nous remarquerons en passant qu'en 1187 on donnait, comme droit de péage sur le pont « pour chacun fardeaux qui passe sur le pont de l'eau audit lieu de Talmond, 4 deniers ».

[3] Dans les comptes de Jean Requiem, receveur de Talmond en 1418, il est dit que le four de Longeville est perdu et fondu par le vimaire du sable ; en 1487, Jean Goland, receveur, dit que depuis longtemps on avait diminué la taille des habitants de la Tranche, par suite de l'invasion des sables sur certains terrains. et que les sables continuent toujours à avancer, et qu'il y a lieu de diminuer encore lesdites tailles.

convaincre de la mauvaise volonté et de l'avarice mal entendue
de ceux qui les tiennent sous leur domination. Le mal ne fait
qu'empirer, et un beau jour de 1714 il faut que les officiers
de Talmond se résolvent à présenter au prince de la Trémoille
un mémoire complet faisant l'historique du havre du Peray.
Nous allons en reproduire une grande partie, car il mettra,
mieux que toute analyse faite par nous, le lecteur au courant
de ce qui se passa.

On y lit que « depuis l'interruption (de l'amirauté patri-
moniale[1]), Talmond a perdu un relief qui ne laissoit pas de
« de luy estre d'une très grande utilité. L'archenal s'est
« comblé, et le fond s'en est élevé en plusieurs endroits, à un
« tel point que le quay n'est guère plus haut de deux pieds
« que les fonds, et qu'à peine, au plain de la mer, peut-on
« charger au pont de Talmont un basteau de quatre tonneaux,
« au lieu qu'il n'y a pas 40 ans, que l'on y a vu des barques
« de 30 tonneaux amarrhées au pont et au quay. Ce malheur
« provient d'un abus qui s'est insensiblement glissé, de tol-
« lérer des bouchées, que faisoient des particuliers, avec des
« pieux et des pierres, dans les endroits les plus commodes
« et moins profonds, pour prendre du poisson et des
« anguilles, par le moyen des bourgnes[2]. Ces particuliers
« laissoient là leurs pieux, qui durent longtemps à la mer
« sans pourrir, et aux reflux de la mer retenoient les sables
« et les immondices qu'elle a coutume d'entraîner avec elle ;
« de sorte que, peu à peu, le fond de l'archenal s'est élevé si
« considérablement, qu'à présent il ne peut contenir les eaux
« dans son lict, et qui viennent dans une si grande abondance,
« que très souvent, particulièrement lorsqu'il y a abondance
« d'eau douce, et que la mer est dans son plein, les eaux s'en-
« flant, entrent dans presque toutes les maisons de la basse

[1] Les princes de Talmond avaient le droit d'amiraudage sur le littoral de
leur principauté, c'est-à-dire qu'ils avaient le droit de percevoir des taxes sur
les bateaux y touchant, et de s'emparer des épaves venant à la côte.

[2] Cet engin de pêche encore usité dans les marais de la Vendée est construit en osier et ressemble assez aux casiers destinés à la pêche des homards.

« ville, *font porter le cellier au grenier*, et passent par dessus
« les levées ou ceintures des marais qu'elles renversent, et
« font un ravage dans les dits marais et une perte considérable.

« L'abondance des eaux de la mer provient encore de la
« ruine de la digue, qui estoit autrefois au havre du Perrais,
« ou port de Jard, arrivée il y a environ 50 ans ; cette digue
« estoit composée de deux murs, ou amas de pierres ad-
« jancées à la façon des murs d'écluses de mer, mais très
« solides, dont l'un prenait du costé de Jard, et l'autre du
« costé du Veillon, paroisse de Saint-Hilaire-de-Talmont.
« Ils estoient terminés et soubtenus par deux avant-becs,
« ou esperons de pierre de taille, bastis à chaulx et à ci-
« ment, distant l'un de l'autre d'environ 30 toises, lequel es-
« pace servait d'entrée aux barques et bastiments, et par
« lequel les eaux de la mer s'écoulaient, avec d'autant plus
« de violence, que le lict en estoit plus estroit ; ce qui faisoit
« que le reflux, encore plus violent, entrainoit à son retour,
« non seulement toutles les imondices et le sable, mais encore
« tout ce qui restait d'eau. Cette digue ayant été renversée
« par la fureur de la mer, et peut-être par la longueur du
« temps, qui faict la caducité de toutes choses, surtout lors-
« qu'il n'est pas pourvu aux réparations nécessaires[1], comme
« il arrive souvent dans la cause commune, auroit pourtant
« trouvé un réparateur dans la personne de feu M{{r}} le comte
« de Laval, lors prince et abbé de Talmont, si feu M. de Clé-
« rambaud, lors évesque de Poitiers et abbé de Jard, y avait
« voulu donner les mains ; mais la grande attention à faire
« peu de dépenses luy fit éluder la proposition que luy fit
« M. le comte de Laval d'en faire la dépense à frais com-
« muns, ou chacun sur sa rive, soubs le seul prétexte que
« feu M. le comte de Laval estoit propriétaire de la princi-
« pauté de Talmont, et que ses héritiers bénéficieroient de la

---

[1] La société ne s'est donc pas modifiée de fond en comble depuis cette
époque ; on croirait facilement que ce mémoire est d'hier, tellement il peut
bien s'approprier aux affaires actuelles de la plupart des biens communaux.

« dépense, au lieu que ceux de M. de Chérambaud perdroient
« celle qu'il y pourroit faire, n'estant que titulaire et usu-
« fruitier de l'abbaye de Jard, qu'il ne prévoyoit pas pouvoir
« passer entre les mains de M^r son nepveu, qui y fut nommé
« après son décès.

« La mort de feu Monseigneur de Laval, arrivée le 25
« janvier 1631, fut un obstacle au rétablissement de la digue
« à laquelle on n'a fait aucune attention depuis, ce qui en a
« causé la ruine totale, n'y ayant aucune personne qui ayt,
« jusqu'à présent, voulu favoriser de sa protection les bons
« sentiments des habitants de Jard et de Talmont, qui sont à
« la veille de voir tous leurs biens submergés et engloutis
« par la mer, qui, ne trouvant plus de résistance, entre au-
« jourd'huy d'une telle abondance, qu'elle passe par dessus
« les ceintures du marais, les renverse en plusieurs endroits,
« tous les ans, et entre même jusque dans les terres, parce que,
« ce qui restoit de différence, est pour ainsi dire vazé et
« applany ; la mer s'étend près de six vingt toises dans son
« flux, et la seconde marée revient devant que touttes les
« eaux de la précédente se soient retirées.

« D'ailleurs, le deffaud de deffense de la digue fait qu'elle
« s'entrevase dans toutes les plages de la terre ferme et les
« couvre, de telle sorte qu'il semble que ce soit une plaine
« mer, ce qui sape les ceintures et levées dès les fondements,
« et les grandes marées de Mars et de la Magdeleine activent
« de les ruiner en les surpassant par le haut, de sorte que,
« les radoubes et réparations équipolent[1], à peu près, le
« profit que l'on tire des marais, au moins le diminue très
« considérablement, et deviendra à rien, s'il n'y est pourvu ;
« d'où il s'ensuivra que les tailles et autres subsides auront
« plus de peine à estre payées au Roy.

« Les seigneurs, princes de Talmont, accause du grand
« marais de Bellair, qui de touts est le plus exposé, les abbés

[1] Équivalent.

« et religieux de Jard, de Talmont, de Bois-Grolland, y sont
« les principaux intéressés, et après eux, touts les habitants
« de Saint-Pierre, Saint-Hill. de Talmont, Sainte-Radégonde
« de Jard, et touts ceux qui ont du bien dans les dites isles.

« Le pays, pour prévenir le malheur dont il est menacé,
« n'a plus à espérer que d'un seigneur, comme Monseigneur
« le prince de Talmont, qui veille bien le favoriser de l'hon-
« neur de sa protection, pour obtenir du Conseil, sur la
« requête des habitants de Jard et de Talmont, expositive
« du faict, une permission de faire réparer la digue aux frais
« des contribuables, procès-verbal de commodité et incom-
« modité d'icelle, préalablement fait par les ingénieurs ou
« gens à ce connoissants ; on estime que la dépense ne pourra
« excéder la somme de 1000 livres que pourroit produire
« une contribution de cinq sols, par chaque journée de bossis
« et d'aires de marais salant, en faisant reculer l'archenal de
« Talmont, au moins depuis le pont du dit lieu, jusqu'à celluy
« que l'on appelle la Guychardière.

« Ce travail regarde les Talmondais seuls, au lieu que celluy
« de la réparation de la digue est du faict commun, entre les
« habitants de Jard et de Talmont, à proportion de ce qu'ils
« ont de biens, tant en marais à bled et poisson, que salines ;
« et tous les habitants signeront volontiers et conjointement
« la dite requête.

« Il n'est pas hors de propos d'observer qu'il y auroit, du
« costé de la rive de Jard, une fois plus de travaulx à faire
« que du costé de celle de Talmont, quoyque les vestiges de
« l'ancienne digue paroissent encore du costé de la rive de
« Jard, et qu'il n'en reste aucun du costé du Voillon ; la visite
« préliminaire ferait connaître de la solidité ou de la faiblesse
« des proportions cy-dessus. D'ailleurs, le seigneur abbé de
« Jard se prétend maistre et seigneur du port, par le passage
« qu'il a assensé à un particulier à raison de six chappons de
« cens : l'on assure même au pays, qu'il y a tittres entre les
« mains du sieur Bourmaud, procureur fiscal de Jard, justi-

« ficatifs de l'obligation dont est tenu le dit seigneur, abbé de
« Jard, d'entretenir la digue.

« De toutes ces considérations, l'on pourrait induire que
« le seigneur, abbé de Jard, seroit avec les religieux et
« leurs vassaulx tenus de la dépense qu'il conviendroit faire
« du costé de leur rive et territoire, et peut-êre sont-ce les
« mêmes, qui ont autrefois retenu le feu seigneur evesque
« de Clérambaud, à ne pas accepter le party que luy offrcit
« feu Monseigneur le comte de Laval, et qui pourroient
« encore aujourd'hui rebuter Monseigneur l'abbé de Clé-
« rambaud, et l'empescher de lier la partie, que pourtant
« luy et ses religieux, pour leurs propres intérêts particuliers,
« et pour ceux du public, devroient épouser dans les règles
« de l'équité et de la justice.

« Mais d'un autre costé, il est certain que la mer n'in-
« commode pas tant le territoire de Jard que celluy de Tal-
« mont, qui surpasse tant en marais salans que bossis,
« celluy de Jard d'un grand tiers, etc... »

Aux diverses considérations indiquées ci-dessus comme
nuisibles au rétablissement du port de Talmond, nous
ajouterons celles qui provenaient de la difficulté, pour les
bateaux de manœuvrer avec assurance à cette entrée, par
suite es écueils très nombreux qui hérissaient la côte, et
la présence d'anciennes jetées construites en mer, pour l'é-
tablissement des écluses ou pêcheries, antérieurement per-
mises mais à cette époque interdites, et alors abandonnées
par leurs propriétaires.

On ne doit non plus négliger l'apport de tous les sédiments,
que nous avons vu déverser par la Gironde et transporter
par la mer à des distances considérables, car il est évident
que s'ils ont servi à combler le golfe des Pictons, ils n'ont
pas manqué de contribuer dans une large mesure à
l'exhaussement du havre du Peray. Cette particularité alors
méconnue ne pouvait être signalée par les modestes ob-
servateurs des siècles derniers, qui, avec les ressources

très restreintes mises à leur disposition, avaient tant de difficulté à expliquer les phénomènes de la nature auxquels ils attribuaient, à tout propos, des causes surnaturelles. Beaucoup de bouleversements rapportés comme s'étant produits subitement, au moyen âge, ont eu pour cause première et inexpliquée alors : les uns, les atterrissements de la mer et des fleuves ; les autres, la subsidence du sol, dont on ne savait mesurer les progrès très lents et réguliers, mais dont on constatait les effets désastreux, tout d'un coup, après une forte tempête ou la rupture d'une digue.

Cet intéressant mémoire toucha peu les princes de la Trémoille, qui ne s'occupaient plus guère de Talmond, devenu pour eux quantité à peu près négligeable, depuis qu'ils avaient aliéné une notable partie de leurs droits dans la contrée ; il faut attendre le 10 mai 1741, pour voir l'affaire du havre revenir à l'ordre du jour. Mais alors ce sont les intéressés directs qui prennent la question en main, et par une pétition revêtue de quinze signatures, s'adressent, sans intermédiaire, à leur seigneur. Ils y exposent que les grandes tempêtes de l'hiver dernier ont totalement ruiné les anciens murs des marais, que les bancs de sable bouchent l'entrée de l'archenal, et qu'il y aurait péril évident à y faire entrer les bateaux qui enlevaient autrefois les sels et toutes les denrées dont le commerce est permis ; ils ajoutent qu'ils sont menacés d'une perte encore plus sensible, puisqu'ils vont perdre le fonds même des marais, ne pouvant, ni faire du sel, par suite de la trop grande quantité d'eau douce, ni conserver les poissons dans les fossés, ou cultiver du blé sur les bossis[1]. En outre, la basse ville de Talmond baigne très souvent, ainsi que les terres voisines. Dans ces conditions, ils demandent l'appui du seigneur de la Trémoille, qui est propriétaire dans ledit

---

[1] On appelle bossis les portions de terrains soulevées entre les fossés qui ne sont jamais ou rarement recouvertes par l'eau, et par conséquent sont susceptibles d'être cultivées.

marais, le suppliant « très humblement d'intéresser son auto-
« rité et son crédit, pour obtenir du Conseil une condamna-
« tion contre tous les propriétaires des marais voisins de
« havre à contribuer aux dépenses nécessaires pour le réta-
« blissement des murs....., et ce, chacuns à proportion de
« ce qu'ils possèdent desdits marais, et que, pour faire faire
« cet ouvrage, il soit permis auxdits propriettaires, de
« prendre, à cet effet, des ouvriers sur les lieux et quy con-
« noissent la sittuation du tout, et qu'enfin il soit enjoint
« aux habitants des paroisses de Talmond, Saint-Hilaire de
« Talmond, Jard et le Château-d'Olonne, de donner, par les
« gens de travail desdittes paroisses, quy sont voisines de
« ce havre, chacun d'eux une journée, ou plus, s'yl en faut,
« pour apporter les matériaux où il sera nécessaire de les
« employer, et ceux quy sont métayers qu'ils soient obligés
« d'employer chacuns une journée à charoyer avecq leurs
« bœufs lesdits matériaux au lieu destiné, et que ceux qui
« feront refus d'obéir soient assignés...... » Suivent quinze
signatures.

Le 24 mai, M. Lenain, sous-intendant à Poitiers, répondait
à M. Alquier, alors sénéchal de Talmond, qu'avant d'aller
plus loin il y avait lieu de procéder à une expertise, afin de
faire constater, par un procès-verbal, « l'utilité et la dépense
de ce travail. » On nomma donc des experts, et dès le 18
juillet, par lettres personnelles, les principales parties inté-
ressées, au nombre de soixante environ[1], étaient convoquées
individuellement par le sénéchal ; on fit en plus savoir, à
l'issue de la messe paroissiale du 23 juillet, dans les paroisses
de Talmond, Saint-Hilaire de Talmond, Saint-Vincent-sur-
Jard et Jard « à tous messieurs et dames propriétaires des
« marais voisins du havre du Peray, que jeudi prochain,
« 27 du présent, sur les sept heures du matin, l'on dressera
« procès-verbal de l'état actuel de ce havre, pour constater

Voir à la fin de ce chapitre la note des divers propriétaires du marais.

« si les réparations qu'une partie des intéressés a desjà
« demandé, sont nécessaires, et ce qu'il en pourra coûter,
« pour y parvenir ; tous, messieurs et dames propriétaires,
« sont priésde s'y trouver auxdits jours et heures ».

La réunion eut lieu : un procès-verbal fut rédigé dans
lequel on concluait à ce que les digues soient reconstruites,
comme elles existaient autrefois, et même prolongées de
cent dix toises dans les terres ; on terminait, en demandant
au roi, un arrêt de contributions condamnant tous les intéressés indistinctement.

Ces démarches semblaient devoir aboutir quand survint
un incident ; quelques propriétaires mécontents, comme il
s'en trouve partout, de la tournure que prenait l'affaire, se
plaignirent au contrôleur général en disant que le jour de
l'expertise les sieurs Jamon et Bertin, experts, portés
présents par le procès-verbal, n'étaient pas sur les lieux,
lors de la rédaction de ce dernier, « qu'on n'avait porté
« les réparations de ce havre à 8000 livres que pour y
« faire trouver un grand bénéfice à ceux qui conduisent
« cette affaire ; qu'elles ne peuvent aller qu'à 4000 livres.... »
Le 2 octobre, le sous-intendant de Poitiers demanda à
ce sujet des explications à M° Jamon, un des experts, qui,
étant malade, et n'ayant pas réellement assisté à la rédaction du procès-verbal, écrivit, par deux fois, au sénéchal
de Talmond, pour lui soumettre·la question, et le prier
de le « mettre en estat de répondre, de façon à ne pas tomber
« en blasme : il y a aujourd'huy tant de précautions à prendre
« qu'on ne sçauroit trop prendre de mesure ». D'un autre côté,
deux propriétaires assez notables, M°° Laisné et Caillaud, déjà
signataires du premier procès-verbal, s'adressaient directement à l'intendant de la généralité de Poitou, et réclamaient la
prompte exécution des travaux, en disant que la probité du
juge était un sûr garant des faits passés, mais que, s'il était
nécessaire, il serait procédé de suite à une deuxième visite
par les ingénieurs et entrepreneurs qu'il lui plairait com-
mettre.

Enfin, le 15 décembre, sur les ordres du contrôleur général,
M. Lenain désigna, comme nouveaux experts, les sieurs
Sapin et Lefébure, architecte et entrepreneur ; cela n'em-
pêcha pas les choses de traîner encore en longueur, par le
fait des intrigues soulevées par les mécontents, qui ne vou-
laient bourse délier. Cependant on avait joint, à la question
du Peray, celle des sels qui, non seulement étaient fabriqués
avec peine, mais encore ne pouvaient sortir de la contrée, à
cause des nouveaux impôts dont on les avait frappés. Voici
comment étaient exposées toutes les difficultés de la situation :

« Les sels qui se font dans le havre de Talmond, dit le
« Peray, estant une des principales parties du revenu des
« propriétaires, sont tombés dans une non valleur si grande,
« que depuis plusieurs années ils ne leurs apportent aucun
« proffit. La raison qui en est la plus sensible, c'est l'impos-
« sibilité de faire entrer des barques dans le havre, à la fa-
« veur desquelles, les sels étaient enlevés par l'estranger, ou
« même transportés chez luy, par les vaisseaux ou barques
« Olonnoises ; et par conséquent produisoient un proffit con-
« sidérable, et mettoient les habitants en estat de payer plus
« facilement au roy les subsides.

« Nota, que depuis que le havre est bouché, les paroisses
« de Talmond, de Saint-Hilaire de Talmond et de Jard ont
« toujours porté le tau le plus considérable de l'élection,
« parce qu'on a considéré comme une nature de fruis d'aug-
« mentation, qui n'est point dans les autres paroisses,
« quoyque les sels, depuis très longtemps, ne soient d'au-
« cune valleur. C'est ce qui ruine les habitants de ces pa-
« roisses, qui les fait aller dans d'autres et dépeupler un
« pays, qui a plus besoin que les autres d'estre bien fourny
« de sujets.

« Le seul moyen de ramener les sujets, de mettre ceux qui
« y sont en estat de payer au roy les subsides, et de faire
« entrer de l'argent dans le pays ce seroit :
« 1° De faire déboucher le havre, de faire un esperon dans

« la mer, et la dépense n'en seroit pas considérable, puisque
« les connaisseurs estiment qu'elle n'iroit pas à plus de
« 10000 livres, laquelle, répartie sur tous les propriétaires et
« les seigneurs des marais, seroit un fort petit objet, pour
« les uns et les autres ; et il n'y a pas un habitant tant de Jard
« que de Saint-Hilaire, qui ne la payast avec plaisir.

« Ce ne seroit point assez pour donner faveur au sel, d'en
« faciliter le transport ; il faudrait encore oster le droit qu'on
« a imposé sur chaque charge de sel pour la sortie.

« Lorsqu'on fit cette imposition, on se persuada que le Roy
« en tireroit un pro fit considérable, mais si l'on fait attention,
« que depuis l'établissement, il n'en est pas sorti un grain,
« l'on verra bien qu'il a esté plus onéreux qu'avantageux.

« Et en effet, les sels des marais de Talmond, de Saint-Hilaire
« et de Jard, n'ont été enlevés depuis huit ans, que par des
« saulniers qui viennent de l'Anjou et de Saumur, et qui les
« versent dans les pays de gabelle, en sorte qu'ils empeschent
« la vente des sels de greniers et opèrent un faux sonnage
« continuel.

« L'on a tellement connu cet abus, que, dans la même élec-
« tion, on a osté ce droit à Beauvoir-sur-Mer, en sorte qu'il
« n'y a que ces sels qui se portent chez l'estranger ; et ceux
« de Talmond, de Jard restent, qui sont enlevés à très bas
« prix par les sauniers de l'Anjou, pour en faire de faux gre-
« niers, comme on l'a dit cy-dessus.

« De tout cecy, il résulte qu'il seroit de l'intérest du Roy
« et de la Province, d'avoir un arrest du conseil qui ordon-
« nast le débouchement du havre de Talmond et qui permist
« de faire une imposition sur tous les intéressés et pro-
« priétaires des marais, et en même temps une adjudication
« de l'ouvrage à faire au rabais, par devant M. l'Intendant
« ou un commissaire par luy nommé.

« Secondement, que le Roy ostat le droit nouvellement
« estably, que MM. les fermiers généraux conviennent ne
« leur rapporter aucun proffit, comme on l'a vu par le registre

« des receveurs des Sables, et au contraire, leurs estre très
« désavantageux, en laissant cependant le droit de cinq livres
« pour la sortie de chaque charge de sel, au lieu de quarante
« livres qu'on leur a imposé nouvellement. »

Comme il a été dit, les seigneurs de la Trémoille s'occupaient peu de leur principauté de Talmond ; ils avaient
d'autres domaines sur lesquels ils préféraient étendre leurs
libéralités, même celles qui n'étaient pas tout à fait désinté-
ressées ; peu leur importait que leurs revenus du Bas-
Poitou, déjà réduits dans des proportions considérables,
diminuassent encore quelque peu ; l'ensemble des recettes
annuelles ne s'en ressentirait guère. Mais il en était tout
autrement des petits propriétaires du pays, qui revinrent à
la charge, et crurent arriver à une solution, le 1er avril 1755,
quand il fut opéré une deuxième visite du havre et du marais. De même qu'aux premières descentes sur les lieux, un
magnifique procès-verbal vit le jour : on le soigna comme
un nouveau-né, en le comblant de toutes les bonnes raisons
qu'il fût possible de trouver, et dont on pût s'ingénier ; on
alla même jusqu'à donner des détails très circonstanciés sur
les constructions qui devaient être appliquées lors de la mise
en exécution du projet; un architecte, homme grave et d'expérience, sut y faire insérer l'article suivant : « 1° Il est à obser
« ver que, pour la construction de ces deux digues, elle sera
« faite tout ainsy que l'on bâtissoit autres fois les écluses à
« poissons, c'est-à-dire à pierres sèches et quy seront placées
« de plat les unes contre les autres, attendu qu'ainsy posées,
« le sable s'y insinuant, puissent les lier et les consolider
« conformément à l'expérience que l'on a dans le pays... »
Puis enfin on nomma deux directeurs pour mener cette
affaire à terme ; le premier, M. de la Boissière, cheva-
lier de l'ordre militaire de Saint-Louis, et capitaine au
régiment du Roy-Infanterie, fut désigné pour prêter ses
bons offices en haut lieu (il paraît que dans ce bon vieux
temps on agissait comme de nos jours) ; le second, maître

NOTE

Etat des avances qu'il est nécessaire de faire pour rétablir le port du Perraye, lesquelles seront réparties sur chaque particulier, qui ont des marais audit lieu, à proportion du revenu d'un chacun, et il sera tenu compte à ceux qui auront commencé à faire lesdittes avances.

Sçavoir :

Madame veuve Gaudin,	*aux Sables.*
M. des Longeais-Massé.	*aux Sables.*
M⁻ Lodre.	*aux Sables.*
Mme Bazogère.	*aux Sables.*
M. La Guignardière du Bois.	*à Soulans.*
M. Laisné.	*aux Sables.*
M. La Boissière.	*à la Benastonniere.*
M⁻ Gourdeau.	*à Talmond.*
M. de Beaulieu Massé.	*près Soulans.*
MM. les Religieux de Boisgrolland.	*à leur abbaye.*
M. Lachampionnière Riou,	*à Talmond.*
M. Vincent, ancien procureur.	*aux Sables.*
M. La Tigerie Degré.	*à Sainte-Flaire.*
Madame veuve des Forges Degré.	*à Talmond.*
M. Jacques Maroilleau.	*à la Guillière.*
M. Perroteau de la Droillardière.	*à la Droillardière.*
M. Fevbre.	*à la Guillière.*
M Bellair Maroilleau.	*à l'isle Bernard.*
MM. Corneau et Cambron.	*pour l'abbaye de Jard.*
Mademoiselle La Thibergère.	*en Jard.*
M. Desombes Petit-Gats.	*pour l'abbaye de la Grange.*
Mademoiselle Guilbaudière Gaudin,	*aux Sables*
M. Levéque, fermier.	*de la Noue Malin.*
M. Vincent de Jard et son beau frère,	*en Jard.*
Le sieur Simon Moizeau.	*aux Courpes, près la Guillière.*
Le sieur Brizard,	*à Poiroux.*
Le sieur Pierre Martineau.	*à la Guillière.*
Jean Jolly,	*au port de Jard.*
André Chanteclair,	*à Islande.*
Nicolas Bignoneau,	*à la Guillière.*
La dame Mouilleron, veuve Beaumont,	*à Talmont.*
La veuve Louis Merlet.	*près les Moutiers-les-Mauxfaits.*
François Benatier,	*Talmond.*
François Mousson.	*id.*
Le sieur Marc Mouis.	*à l'Aumônerie.*
Jacques Guiet.	*aux Courpes.*
M. Chauviteau,	*aux Sables.*
Les héritiers de M. Charlot.	*à Talmond.*
Joachim Jandron.	*aux Sables.*
Les héritiers Mathurin Breton.	*à la Guillière.*

Le sieur Brianceau,   *en Jard.*
Les héritiers Péault,   *id.*
Jacques Penaud,   *aux Sables.*
Le sieur Ruchaud et la Fretière,   *à Talmond.*
La veuve Pierre Bignonneau,   *à la Guillière.*
André Magneau,   *id.*
La veuve de Pierre Robin,   *à Islande.*
Jean Mouilleron,   *au port de Jard.*
Gilberte,   *id.*
Jean Garat,   *id.*
Marie Guilloteau.   *au Port.*
Jeanne Peault,   *id.*
Jean Benastier,   *à l'Aumônerie.*
La veuve Arnoux de la Malury,   *à la Malury, en Saint-Hilaire.*
   tant pour elle que pour ses neveux.
Mᵐᵉ de Caumont et ses hoirs. Maroillau
   son fermier.
Le sieur Labataillère Jonastre.   *à Curzon*
Les héritiers Landreau,   *en Jard.*

Vannes. — Imprimerie Lafolye.